AF250404

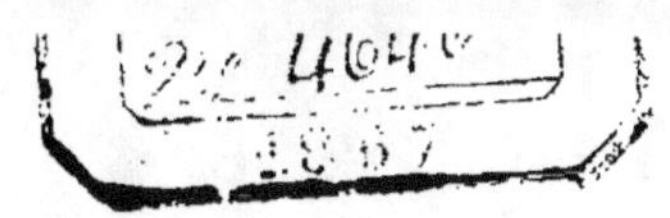

DISCOURS

PRONONCÉS SUR LA TOMBE

D'EMMANUEL - OSSIAN HENRY

Né à Paris le 7 novembre 1826 et mort le 31 mars 1867

DOCTEUR EN MÉDECINE

Ex-médecin auxiliaire à l'hôtel des Invalides;— maître en pharmacie de première classe ;— ex-préparateur de chimie à l'Ecole polytechnique, 1845-49 ;— lauréat des hôpitaux de Paris, 1853; — de la Faculté de médecine, 1854; — de l'École de pharmacie, 1854; — de la Société impériale de Médecine de Toulouse, 1855 ; — de l'Académie impériale de Médecine, 1858-59. — chef-adjoint des travaux chimiques de l'Académie de médecine et lauréat en 1858 et 1859; — chevalier de l'ordre de Charles III d'Espagne ; — médecin du bureau de bienfaisance; —membre et secrétaire de la Commission d'hygiène publique et de salubrité du quatrième arrondissement ; — médecin du Théâtre Lyrique ; — médaille du choléra (épidémie 1865), etc.

PAR MM.

P. DORÉ

Expert-chimiste, ex-préparateur de chimie à l'Ecole polytechnique, membre de la commission d'hygiène publique et de salubrité du treizième arrondissement, etc.:

DE RANSE

DOCTEUR EN MÉDECINE
Rédacteur de la *Gazette Médicale de Paris;*

Et MORÉTIN

DOCTEUR EN MÉDECINE
Médecin de l'hôpital Saint-Merri et du bureau de bienfaisance du 4e arrondissement.

PARIS

IMPRIMERIE BALITOUT, QUESTROY ET Cⁱᵉ

7, RUE BAILLIF ET RUE DE VALOIS, 18

1867

DISCOURS

PRONONCÉS SUR LA TOMBE

D'EMMANUEL-OSSIAN HENRY

Messieurs,

S'il fut sur cette terre une existence empreinte d'un long martyre moral et physique, c'est assurément celle de l'homme que nous pleurons!

Emmanuel-Ossian Henry est né en 1826. Quoiqu'il eût fait de bonnes et sérieuses études, il ne réussit pas aux examens de l'École polytechnique; alors il pensa qu'il lui était permis de se vouer à la carrière de son grand-père et de son père, c'est-à-dire aux sciences pharmaceutiques et chimiques.

Il entra comme préparateur de chimie à l'École polytechnique vers 1845, et, dans ces fonctions honoraires et quotidiennes, il s'efforça de laisser une trace durable de son passage; en effet, tous ses loisirs étaient occupés à la préparation de produits rares et destinés à enrichir la collection particulière du laboratoire.

C'est à ce moment que je me liai avec Ossian Henry. Nous étions voisins de laboratoire.

Je quittai l'École polytechnique au commencement de 1848. Henry continua ce travail quotidien et fatiguant.

Vers la fin de cette même année, il publia son premier Mémoire de chimie sur *deux nouveaux corps de la série amylique*.

Bientôt la place de conservateur des collections chimiques de l'École polytechnique devint vacante. Il fit des démarches ; il eut des promesses ; mais elle fut donnée à un autre.

Il s'agissait en ce moment, pour Henry, de se créer un avenir, puisque ses trois années de travaux ne lui procuraient pas la moindre espérance !

Il se présenta à l'internat en pharmacie, fut reçu dans un rang distingué, et, à peine dans ces nouvelles fonctions, il se fit remarquer par ses qualités particulières : assiduité, soins extrêmes dans les préparations et bonté au lit du malade.

Attaché en 1849 à l'hôpital Saint-Louis, il traversa la terrible épidémie cholérique avec autant de zèle que de courage.

Son internat en pharmacie est peut-être la seule époque où Henry ait été apprécié à sa juste valeur ; en effet, il était lauréat des hôpitaux en 1853.

A cette époque, Henry publia ses *Essais chimiques* sur quatre nouveaux quinquinas de la province d'Ocagna (Nouvelle-Grenade).

Pendant ces années d'internat, il fit sa médecine, se fit recevoir pharmacien de première classe et donna de nombreuses répétitions de chimie, de pharmacie et de médecine. En 1854, lauréat de l'École de pharmacie. Cette même année, Henry fut lauréat de la Faculté de médecine

— 5 —

(prix Corvisart), à l'occasion d'un fort beau travail : *Essai sur l'emploi des bains.*

Reçu docteur en médecine en 1855, après avoir soutenu une thèse remarquable, il s'établit dans ce quartier Saint-Merri, où il laisse tant de vifs et sincères regrets.

Henry eut alors le bonheur d'entrer dans un laboratoire de chimie. Nommé chef-adjoint des travaux chimiques de l'Académie de médecine, aussitôt il se livre au travail, et parmi les nombreuses recherches qu'il fit ou auxquelles il s'associa, je citerai :

Analyse d'une concrétion pancréatique; — Note sur les eaux de Luxeuil; — Recherches sur l'acide cyanhydrique et ses composés. — Méthode pour reconnaître l'iode et le brôme, avec le regretté docteur Humbert; — *Recherches chimiques et médico-légales sur le phosphore,* avec M. Chevalier fils; — *Note sur la recherche de l'iode par l'amidon; — De l'état actuel de nos connaissances sur l'emploi des eaux minérales dans le traitement de la scrofule; — Des désinfectants utilisés en médecine, au double point de vue de l'hygiène et de la thérapeutique; — Recherches chimiques sur les eaux de Marlioz (Savoie); — Notice sur les eaux mères et les sels de Salies,* avec notre regretté ami O. Réveil; — *Recherches sur les matières organiques des Eaux sulfureuses, barégines et sulfuraires;* — Enfin il publia en collaboration avec son père un remarquable ouvrage (1). Ce livre fut bientôt traduit en espagnol, ce qui valut à Henry la décoration de Charles III.

En 1855, des médecins auxiliaires furent demandés à l'Hôtel des Invalides. La guerre de Crimée commençait; Henry fut des premiers et fit pendant plus de dix années ce service excessivement pénible, surtout pour une santé déjà délicate.

En 1860, un concours d'agrégation de chimie fut ouvert à la Faculté. Henry s'y présenta et je suivis, simple

(1) *Traité pratique d'analyse chimique des eaux minérales potables et économiques, avec leurs principales applications à l'hygiène et à l'industrie.* (In-8° de 700 pages, orné de 131 figures.)

auditeur, ses diverses épreuves. Je le vois encore, brillant, concis et méthodique, faire une leçon sur les composés du mercure; c'était plutôt un éloquent professeur qu'un candidat à l'agrégation.

Cependant il ne fut pas nommé. — Il nous reste de son passage à ce concours si funeste pour sa santé, une thèse très-remarquable : *des Radicaux composés,* soutenue par lui avec autant de savoir que de facilité.

Bientôt après ces fatigues excessives, une terrible maladie l'étreignit dans ses serres cruelles, une maladie de la moelle épinière; avec quel courage supporta-t-il les opérations douloureuses qui lui furent faites alors ! Je me rappelle un vieil invalide me racontant dans la salle de garde de l'Hôtel (Henry était en ce moment près d'un malade qui réclamait ses soins), je me rappelle, dis-je, ce vieux soldat de nos grandes guerres, tout criblé de blessures, me racontant avec admiration la tenue impassible de notre ami Henry pendant qu'il supportait la cautérisation au fer rouge.

En 1861, M. Henry père donna sa démission de chef des travaux chimiques de l'Académie de Médecine. — Ce laboratoire venait d'assister aux travaux très-importants de notre excellent ami, et [tout nous faisait espérer qu'il trouverait enfin là une légitime récompense de son dévouement à la science; il n'en fut rien, Henry ne succéda pas à son père.

Il resta alors, souffrant constamment, en présence de sa clientèle déjà très-importante. Il voulut surmonter toutes les injustes déceptions qu'il avait eues à essuyer, et malgré les vives et incessantes douleurs qui ne lui laissaient pas de repos, il chercha à triompher.

Plein de zèle et de dévouement pour sa clientèle, que de soins empressés ne donna-t-il pas aux malades du bureau de bienfaisance, et avec quel savoir et quel empressement ne remplit-il pas ses fonctions de membre et de secrétaire de la commission d'hygiène publique et de salubrité de son arrondissement.

Enfin, au milieu de ces constantes occupations, il trouvait encore le temps de travailler à un grand ouvrage de Toxicologie qu'il n'a pu terminer.

Mais si son courage, si l'amour du devoir avaient raison de ces déceptions tant de fois éprouvées, la maladie continuait à le miner; elle l'affaiblissait de jour en jour et bientôt vint le moment, terrible pour lui et pour ceux qui l'aimaient, de se mettre sur le lit des dernières douleurs.

Esprit distingué et charmant, cœur aimant et dévoué, amoureux de tout ce qui était beau et élevé, collectionneur plein de goût et de soins, aimant et cultivant les arts, je ne sais tout ce qu'il y avait de supérieur et de noble dans cette belle et bonne âme.

Il m'a été donné de le voir souvent pendant ces dernières semaines. Vous dirais-je avec quel calme et avec quel courage il envisageait sa situation? Non! la plupart d'entre vous l'ont vu et sont là pour attester cette vaillante résignation.

Tout ne l'a pas cependant abandonné dans ces cruels moments. Il a eu, dans ces pénibles circonstances, la vive satisfaction de voir à son chevet, avec autant d'amitié que de persévérance, ses maîtres, ses compagnons d'études, les docteurs les plus distingués et ses nombreux amis. Il avait comme médecin particulier le Dr Morétin, lequel, avec cette modestie que nous lui connaissons, ne cessait et de le visiter et de faire sa clientèle, cherchant toujours à lui déguiser son mal et à refuser ses remerciements pour son aide de chaque jour.

Comme compagne de ses souffrances, je ne sache personne de plus dévouée, de plus attentive que sa femme qui, toujours près de lui, ne cessait de lui donner ses soins et des espérances pour le retour à la santé.

Hélas! nous l'avons perdu ce bon, ce dévoué, cet excellent ami et collègue. Il nous reste une tâche vis-à-vis de

laquelle aucun d'entre nous ne reculera : c'est celle d'en-
tourer de notre aide et de notre dévouement et sa veuve,
et son fils, afin de les aider à suivre le dur sentier de la
vie, privés tous deux qu'ils sont et de leur meilleur soutien,
et de celui qui leur était le plus cher.

Et si ceux que la mort nous arrache ont des joies à
espérer dans d'autres sphères, nous saurons ainsi être
agréable à celui qu'elle vient de nous enlever.

Adieu, pauvre et bon ami, puisses-tu trouver dans un
autre monde les récompenses justement dues à ton mérite
que le nôtre t'a refusé avec tant de rigueur.

P. Doré (1).

Messieurs,

Je ne m'attendais pas au douloureux honneur d'être
votre interprète pour exprimer un dernier adieu au confrère et à l'ami qu'une mort prématurée vient de nous
ravir. Prévenu quelques instants seulement avant l'heure
de la triste cérémonie, j'ai eu à peine le temps de tracer
ces quelques lignes que m'ont dictées mon estime et mon
amitié profondes pour Henry : bien qu'incomplètes, elles
traduiront aussi, je l'espère, les sentiments que vous
éprouvez tous.

Henry, Messieurs, restera pour tous ceux qui l'ont
connu, le type de l'homme de cœur et du médecin instruit,
consciencieux, dévoué, de celui, en un mot, qui fait
honneur à notre profession.

Si nous considérons l'homme, nous le trouvons esclave
de ses engagements, sympathique à toutes les infortunes,
toujours disposé à obliger, oublieux des injures ou des
injustices dont il a été victime, courageux, ferme, persé-
vérant dans la lutte, soit qu'il ait à combattre contre les

---

(1) Inséré dans le *Journal de Chimie médicale* de M. A. Cheval-
lier. Mai 1867.

dures nécessités de la vie, soit qu'il ait à soutenir les assauts plus durs encore de la maladie.

Si nous passons au médecin, nous le voyons ardent au travail, zélé à soulager le pauvre comme le riche, et sacrifiant ainsi l'intérêt de sa santé à l'accomplissement rigoureux de ses devoirs envers sa famille et envers ses clients. Ceux qui l'ont vu à l'œuvre ont pu quelquefois l'admirer. Il y a quelques années, atteint d'une maladie grave qui pardonne rarement, et dont il souffrait parfois cruellement, il faisait marcher de front le service fatiguant de l'hôpital des Invalides où il était médecin auxiliaire, celui du bureau de bienfaisance, les soins de sa clientèle, et les nombreuses analyses d'eaux minérales qui lui venaient de toutes les parties de l'Europe, pendant qu'il recueillait des notes pour un dictionnaire de toxicologie auquel il a travaillé jusqu'au dernier moment. Voilà, Messieurs, le rude labeur auquel notre ami s'était soumis, et qui certainement aurait épuisé une constitution plus forte que n'était la sienne. En vain ses amis et ses parents lui conseillaient le repos : il allait toujours, et quand il a cédé à leurs avis affectueux, il était trop tard.

Au milieu de ses travaux, de ses préoccupations d'avenir, de ses souffrances physiques, Henry avait conservé le caractère aimable qui faisait apprécier et rechercher sa compagnie. Il espérait de meilleurs jours; très-sensible à tout témoignage d'estime, à toute distinction bien méritée, il avait accueilli avec une grande satisfaction celle dont il avait été l'objet de la part de la reine d'Espagne qui, en lui envoyant la croix de l'ordre de Charles III, avait accompagné cet envoi d'une lettre des plus flatteuses, C'était là, Messieurs, la juste récompense d'un ouvrage que Henry a fait en collaboration avec son honorable père, et dont on a pu apprécier la valeur en Espagne comme en France : je veux parler du *Traité des eaux minérales* qui a été traduit en espagnol.

Messieurs, par les services qu'il avait rendus pendant

dix ans à l'hôpital des Invalides et au bureau de bienfaisance, par son dévouement durant l'épidémie cholérique, par ses nombreuses publications, Heny était digne certainement de la récompense nationale qu'on accorde à tous ceux qui ont bien mérité de la science et de l'humanité. Mais s'il aspirait à cet honneur, il était aussi trop modeste pour faire valoir ses titres; il voulait en augmenter le nombre : il avait trop présumé de ses forces.

Nous avions pu un moment espérer, après un amendement considérable de sa première maladie, que l'état de sa santé s'améliorerait, se fortifierait, et que nous pourrions le conserver longtemps encore au milieu de nous. On avait obtenu de lui qu'il travaillât moins et qu'il se soignât davantage; sa clientèle prospérait; il suivait avec une douce sollicitude les progrès de son fils; la joie semblait rentrée dans la maison, l'avenir paraissait moins sombre. Hélas ! ce n'était qu'un rêve, qu'une illusion, et la douleur que nous éprouvons aujourd'hui n'en est que plus grande.

Le vide que laisse Henry, Messieurs, dans sa famille, dans les rangs de ses amis, dans sa clientèle, dans son quartier même, est considérable : il était aimé et estimé de tous; votre présence ici, votre tristesse en sont la preuve. Puisse un semblable témoignage adoucir un peu la douleur de l'excellente et digne femme, sa compagne dévouée, qui l'a soutenu physiquement et moralement jusqu'à son dernier souffle ! puisse-t-il aussi apporter quelque soulagement à l'affliction de toute la famille ! puisse enfin, si nous survivons à la tombe, et qu'Henry nous voie et nous entende, puisse ce même témoignage monter jusqu'à lui comme l'expression sincère des regrets unanimes qu'il laisse ici-bas !

Dr DE RANSE (1).

(1) Inséré dans la *Gazette Médicale de Paris*, n° 14. 6 avril 1867.

MON CHER DORÉ,

Vous m'avez témoigné le désir de voir imprimées, à la suite du discours que vous avez prononcé sur la tombe de notre pauvre ami, les quelques paroles que j'avais préparées, à la hâte, pendant la triste cérémonie de ses funérailles, et que j'ai renoncé à lire après avoir entendu votre éloquente et touchante notice, ainsi que l'allocution si bien sentie de M. le Dr de Ranse. Que pouvais-je dire, en effet, qui ne fût déjà contenu et si bien exprimé dans ces deux morceaux remarquables par le style, l'élévation et la justesse des pensées? Qui pouvait mieux que moi apprécier la vérité et la sincérité de ces adieux de l'amitié et de la confraternité?

Comme vous, mon cher Doré, j'ai été témoin des luttes, des travaux, des souffrances morales et physiques de l'ami que nous pleurons. Je l'ai suivi pas à pas dans sa vie de praticien dévoué à ses malades, leur sacrifiant le peu de forces qui lui restaient; quand il tombait blessé sur ce champ de bataille de notre rude profession, il m'appelait, bien moins préoccupé de lui-même que des autres. Je le suppléais de mon mieux; mais lui, oubliant ses propres maux, de son lit de douleur, se faisait rendre compte des moindres détails du traitement de ses chers malades. C'est surtout au nom de ceux-ci, que je voulais venir dire un dernier adieu à Ossian Henry, car, depuis trois mois, j'ai pu recueillir de leur propre bouche des marques nombreuses et non équivoques de sympathie pour leur médecin si dévoué.

Je viens de parler des regrets unanimes de ses clients, mais dans notre profession les extrèmes se touchent. A côté de la reconnaissance sans bornes, se trouve quelquefois l'ingratitude la plus noire. Pendant l'année 1865, notre confrère avait donné des soins assidus à une dame de ses clientes pourvue des dons de la fortune, pour une grave affection ayant nécessité une habile opération du professeur Nélaton, et exigeant des pansements journaliers et des soins repoussants. Ossian Henry, avec son exactitude habituelle et son dévouement bien connu, n'avait pas manqué un seul jour de se rendre au domicile de sa malade, situé à une grande distance de sa demeure. C'était, chaque jour, deux ou trois heures consacrées à un seul cas; le dimanche même, il se privait d'aller à la campagne chercher un peu d'air et de lumière, sacrifiant ainsi sa santé à son devoir.

Après huit mois environ d'une pareille fatigue et de soins éclairés, le croirait-on, la modeste somme de 1,800 francs, demandée par lui pour ses honoraires lui fut refusée, et remplacée par une offre dérisoire accompagnée d'appréciations plus que désobligeantes pour notre confrère. Il ressentit vivement le procédé plus que la perte de ses intérêts. Sur le conseil de ses amis il se décida, malgré lui, à porter devant la justice sa juste réclamation. Dans cette circonstance, nos maîtres les plus vénérés lui vinrent en aide; l'Association des médecins de la Seine dont il faisait partie, ne lui fit pas défaut non plus. Le jour même qu'il commença à s'aliter pour ne plus se relever, il passa une partie de la nuit à rédiger, pour son avocat, une pièce justificative de sa demande, répondant aux imputations mensongères, injurieuses même, de celle qui lui devait une éternelle reconnaissance.

Je me rappellerai toujours les sentiments de tristesse profonde qui l'animaient alors. La fatigue qu'il éprouva de la rédaction de ce procès-verbal d'un nouveau genre ne contribua pas peu à aggraver son mal. Mais avant de mourir il eut la satisfaction de gagner son procès, et de voir, une fois par hasard, dame Thémis d'accord avec Esculape.

La vie d'Ossian Henry, vous l'avez dit, mon cher Doré, n'était plus depuis quatre ans qu'un long martyre, une suite de souffrances atroces supportées avec résignation et cachées avec soin aux yeux du monde. En vain sa compagne dévouée le suppliait avec larmes de se créer des occupations plus douces, de renoncer à l'exercice de sa profession dans des conditions particulièrement pénibles, au milieu d'un quartier malsain, dans des rues étroites, privées d'air et de lumière, dans des maisons tombant en ruines, restant encore debout comme pour attester les progrès de l'hygiène publique, par le contraste de quartiers splendides élevés tout à l'entour, dus à l'initiative du génie réformateur de la grande cité. Ossian Henry aimait ses clients pauvres, et il lui eût été aussi pénible de s'en séparer que des riches. Aussi était-il payé de retour; tous l'affectionnaient, mais ce qu'il a fallu d'énergie à notre ami pour vaincre ces difficultés de chaque jour tient vraiment du prodige. J'ai vu ses maîtres et amis, M. le docteur Gubler et M. le professeur Lasègue, qui l'ont tous deux souvent assisté dans le cours de sa longue et douloureuse maladie, s'étonner d'un tel courage poussé jusqu'à l'héroïsme. C'est qu'Ossian Henry était l'homme du devoir avant tout, puisqu'il lui a sacrifié sa vie. Toutes ses préoccupations étaient pour sa femme si dévouée, pour son fils, pour son père, pour sa mère, pour sa sœur dont il pressait l'établissement avec tant de sollicitude qu'on eût dit qu'il craignît de ne pas voir un des rêves de sa vie se réaliser (1). Il s'occupait de tout le monde excepté de lui-même.

Vous avez parlé du courage surhumain manifesté par Henry pendant une cautérisation au fer rouge qui lui fut pratiquée à l'hôpital des Invalides et qui fit verser des larmes d'attendrissement à un vétéran de l'Hôtel, mutilé des champs de bataille du premier Empire. Il y a trois mois à peine, le même fait se reproduisait à son domicile. Sur le conseil de son ami, M. le Dr Fano, une profonde cautérisation lui fut pratiquée par ce dernier, sur le trajet

---

(1) Le mariage de Mlle Aline-Henry avec M. Cochin, a été célébré le 30 mars dernier, la veille de la mort de son frère.

des nerfs intercaustaux, le siége principal de ses horribles souffrances. Au moment de l'opération, sa femme fondant en larmes ; appelez mon fils, dit-il, afin qu'il apprenne de son père (tableau vivant) comment il devra lui-même un jour envisager la douleur.

On est heureux, mon cher Doré, de retrouver des caractères si fortement trempés dans notre temps de mollesse générale. Henry, vous le savez, esprit libéral, cœur généreux, professait un profond respect pour toutes les choses vénérées ici-bas. Aussi n'eut-il pas de peine à recevoir le digne curé de Saint-Merri venant, à son tour, lui apporter des consolations que la terre ne pouvait plus lui offrir.

Si j'ai pu, par cette lettre déjà bien longue, apporter mon faible tribut d'hommages à la mémoire de notre ami, adoucir l'affliction de sa famille et susciter des sympathies en faveur de ceux dont il était l'unique soutien, vous me pardonnerez, mon cher Doré, de vous avoir fait si longtemps attendre ma réponse. En même temps, j'aurai moins de regret de n'avoir pas pris la parole sur sa tombe, au nom des médecins du bureau de bienfaisance et des membres de la commission d'hygiène et de salubrité du IVe arrondissement ; car il laisse là des vides difficiles à combler, à la commission d'hygiène surtout Ossian Henry, en sa double qualité de chimiste exercé et de médecin instruit, rendait de grands services. Aussi, M. Drouin, maire du IVe arrondissement, administrateur distingué et plein de cœur, a-t-il, dans un éloge bien mérité, fait ressortir tout le mérite de notre collègue et exprimé le désir de voir figurer au procès-verbal de la séance du 9 avril dernier, les regrets unanimes de la commission.

Recevez, etc.

Dr MORÉTIN.

Paris, 15 mai 1867.

www.ingramcontent.com/pod-product-compliance
Lightning Source LLC
Chambersburg PA
CBHW062318070726
47596CB00009B/2332